AF309633

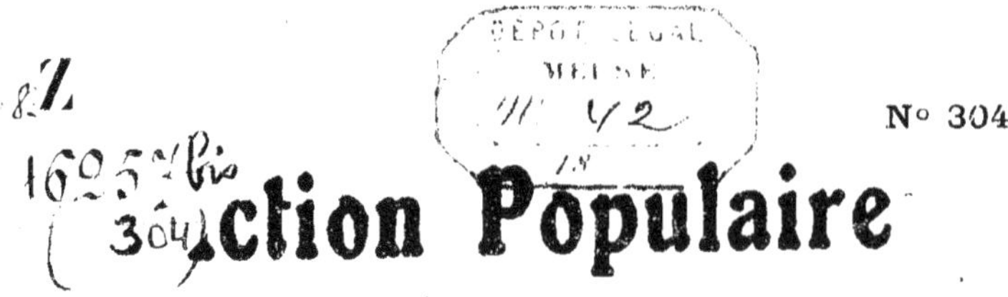

N° 304

Abbé J. PETITJEAN

POUR L'ÉCOLE

POPULAIRE

Le numéro : 0 fr. 25

PARIS
Maison Bleue
4, rue des Petits-Pères, 4

REIMS
Action Populaire
5, rue des Trois-Raisinets, 5

PARIS
Victor Lecoffre
90, rue Bonaparte, 90

GUIDE de L'ÉCOLE LIBRE

par M. le Chanoine POUGET

*Secrétaire diocésain des Œuvres et de l'Enseignement libre
du Diocèse de Rodez.*

Un volume, 250 pages : 3 fr. ; franco, 3 fr. 30

TABLE DES MATIÈRES

Action Populaire

SÉRIE SOCIALE

Abbé J. PETITJEAN

POUR L'ÉCOLE

POPULAIRE

Le numéro : 0 fr. 25

PARIS	REIMS	PARIS
Maison Bleue	**Action Populaire**	**Victor Lecoffre**
4, rue des Petits-Pères, 4	5, rue des Trois-Raisinets, 5	90, rue Bonaparte, 90

A la mémoire vénérée

de Monseigneur DADOLLE

CHAPITRE PREMIER

Deux articles du « Petit Démocrate ».

———

Dans son numéro du 10 août 1913, le *Petit Démocrate*, organe des *Démocrates du Centre*, publiait, sous un titre général : « La leçon des faits », les deux articles suivants :

Précieux aveu.

Le *Radical* écrit en tête de ses colonnes :

« Quand notre ami Brard décida la Chambre à l'examen des projets de loi sur la défense de l'école laïque, la Fédération des Amicales organisa une enquête auprès de tous ses groupements affiliés pour aider les parlementaires dans leur argumentation en faveur d'une nouvelle législation.

Le dépouillement de cette vaste enquête est à peu près achevé. La secrétaire générale de la Fédération, M⁗ Mauger, vient de mettre en ordre quelques-uns des documents les plus typiques, et c'est une partie de ce travail que le *Radical* est heureux de reproduire en ce moment.

Dans cet extrait, nous relevons la statistique suivante :

Dans les Landes, quelques écoles laïques ont à peine quelques élèves ; à Caussa, il n'y en a pas.

A Servelette (Corrèze), l'école laïque a un élève, l'école libre 80.

A C...-C... (Vendée), l'école laïque n'a pas d'élève ; la lutte, dit l'instituteur, est impossible à soutenir.

A H... (Vendée), les 9/10 des enfants vont à l'école libre.

Dans la Loire, dans 94 communes, les écoles libres ont les 4/5 des élèves.

Dans l'Ille-et-Vilaine, en 1907, à Saint-M..., il y avait 35 à 40 élèves à l'école laïque. Le curé refuse les sacrements ; en 15 jours, l'école est complètement vide.

Dans la Loire-Inférieure, la population scolaire est de 40.722 dans les écoles libres, et de 49.724 dans les écoles laïques, soit une différence de 9.022 qui s'affaiblit chaque jour.

Dans le Maine-et-Loire, on compte, en 1910-1911, 36.072 élèves dans les écoles publiques, 32.889 élèves dans les écoles libres. En 1911-1912, 35.626 dans les écoles publiques, 33.527 dans les écoles privées.

Dans la Mayenne, de 1906 à 1912, il y a, en faveur des écoles privées, une augmentation de 61 écoles et de 4.854 enfants.

A Saint-P. de B. (Vendée), il y a à l'école laïque 16 garçons ; à l'école libre, 130 ; à l'école laïque, 21 filles ; à l'école libre, 130.

Dès l'ouverture de l'école libre à Y... (Seine-Inférieure), l'école laïque passe de 280 enfants à 150.

A Saint-J... (Haute-Loire), les écoles privées ont 85 % de la population scolaire.

Dans la Haute-Vienne, il y a 54 écoles libres de filles, 5 de garçons.

A D... (Haute-Loire), l'école tombe de 120 à 80 élèves.

Dans l'Ille-et-Vilaine, les écoles publiques comptent 46.877 élèves. Les écoles privées, 42.070.

Dans le canton de P... (Côtes-du-Nord), qui compte 11.500 habitants, les écoles laïques ne réunissent pas 150 élèves.

V... (Loire-Inférieure), en deux ans, sur 180 élèves inscrits à l'école laïque, 50 seulement restent après l'ouverture de l'école privée.

A C..., même résultat.

A G..., désertion supérieure à la moitié ; à noter que l'instituteur y exerce depuis trente ans.

A B..., sur 240 garçons, en un an, l'école laïque en perd 130, l'école de filles compte 50 élèves, et l'école libre 210.

A S..., sur 600 élèves de la commune, les écoles libres en comptent 450.

A P..., les écoles laïques ont 70 élèves, les écoles libres 400.

A la C... sur E..., la totalité des enfants fréquentent les écoles libres, sauf 5 ou 6 enfants de fonctionnaires.

Les écoles libres sont payantes et les écoles laïques gratuites. Les projets de réorganisation de la caisse des écoles seraient donc inopérants.

Le département du Nord n'est pas exempt de la lutte ; il y a une véritable floraison d'œuvres pour hommes, pour femmes, pour jeunes gens et pour jeunes filles.

Les écoles libres y sont très nombreuses. A Lille, quartier de la Madeleine, leur effectif est sensiblement égal à celui des écoles publiques. Dans le quartier de Moulins, on compte 928 garçons et 1.215 filles. A Saint-Maurice, 300 garçons, 300 filles ; à Croix, l'école compte 400 élèves.

A Roubaix, les écoles maternelles reçoivent 1.700 enfants, les écoles 2.300 garçons et 2.700 filles.

Le Rhône compte un nombre élevé d'écoles libres, 46 garderies, 2 écoles normales, 37 classes enfantines, 41 écoles de garçons, 76 de filles. L'importance de ces écoles est variable, mais en général elles absorbent une bonne moitié de la population scolaire.

L'école mixte de H... compte 22 garçons et une fille : la sœur de l'institutrice. Les autres fillettes sont à l'école libre. A Saint-L... de C..., les écoles privées ont les 4/5 des élèves. A A.... les deux tiers des garçons et les trois quarts des filles.

A A..., la moitié ; à Saint-M..., les quatre cinquièmes ; à C..., les trois quarts ; à R..., les trois quarts des garçons ; à Saint-C... sur A..., l'école laïque de filles a trois élèves. »

La conclusion est très simple. L'école laïque, par son sectarisme, a fatigué le pays. Respectez donc la liberté des familles et revenez au respect des consciences. Mais telle ne sera pas la conclusion du « Radical » : puisque les parents veulent l'école libre, il faut la supprimer ou la réglementer rigoureusement.

Doux pays !

Le pétitionnement
contre les projets de « défense laïque ».

M. le colonel Hugot-Derville, député du Finistère et membre du comité des associations de chefs de famille, vient de déposer sur le bureau de la Chambre les pétitions dont l'Union des A. C. F. a pris l'initiative contre les projets de loi de défense laïque. Lancé, il y a trois mois, ce pétitionnement a donné un million cinq cent mille signatures. Vu la rapidité avec laquelle il a été mené, nous estimons le résultat satisfaisant. Ce qui souligne encore plus l'importance de ce total, c'est que, sur ce million et demi, près de 1.200.000 signatures ont été données par les 35 départements dont voici la liste :

Finistère	98.472	Doubs	48.148
Nord	76.688	Maine-et-Loire	45.644
Loire	75.996	Loire-Inférieure	75.179
Rhône	67.937	Haute-Loire	37.311
Vendée	62.059	Haute-Savoie	37.150
Morbihan	52.030	Côtes-du-Nord	32.540
Mayenne	50.312	Aveyron	32.352

Ardèche	31.869	Haute-Marne	16.698
Saône-et-Loire	31.716	Ille-et-Vilaine	16.540
Haute-Saône	29.990	Nièvre	15.084
Marne	28.564	Seine	13.634
Aisne	27.084	Loiret	13.638
Pas-de-Calais	24.696	Ardennes	12.300
Lozère	24.572	Cher	12.207
Deux-Sèvres	23.227	Charente	11.780
Ain	22.804	Vienne	11.359
Yonne	17.141	Bouches-du-Rhône	10.642

Ce qui veut dire que le pétitionnement n'a eu lieu que dans un tiers environ de la France.

Pendant ce temps, la pétition socialiste contre les trois ans, lancée à grand tapage dans tout le pays, n'a pas pu recueillir un million de signatures !

C'est pour tirer de ces faits une leçon que nous avons écrit les modestes pages qui vont suivre.

CHAPITRE II

Ecole officielle et neutralité.

Si, dans ces derniers temps, la lutte scolaire a présenté une telle acuité, ce n'est pas peut-être par un souci désintéressé du progrès de l'enfance et de sa bonne éducation ; c'est plutôt que les partis ont enfin pris conscience de l'importance que peut avoir sur la vie d'un homme l'orientation qui lui a été donnée dans son jeune âge ; et tous ont tremblé pour leur recrutement.

Aussi bien, l'acharnement autour de l'enfance est-il universel. Deux conceptions mènent le monde : le spiritualisme et le matérialisme ; l'une qui trouve son expression la plus élevée en même temps que la seule pleinement vraie dans l'Eglise catholique, l'autre qui prend corps dans les sociétés les plus diverses et les plus mêlées de la libre-pensée. Toutes deux se livrent, sur le terrain de l'éducation, une bataille dont nous sommes loin de voir la fin. Un tel fait devrait montrer aux plus aveugles l'importance du problème et quel grand rôle doit jouer l'école dans la vie nationale.

Si l'homme doit être l'épanouissement de l'enfant, il semble que rien ne doive être épargné, à l'école, pour rendre possible et profitable, à l'homme de demain, la vie elle-même !

Depuis la fondation de l'école laïque, gratuite et obligatoire, l'Etat a cru y pourvoir de deux manières : en inspirant aux enfants le culte de la patrie : il commence à s'éteindre ; le culte de la science, on fonde aujourd'hui sur celui-ci les plus grandes espérances ; encore que, dans un article récent de la *Revue pédagogique*, le philosophe Gérard Varet mettait en garde. avec éloquence et énergie, les éducateurs contre le culte de cette nouvelle idole.

Laquelle l'emporte de ces deux méthodes ?

Il est difficile de donner une réponse catégorique ; jusqu'à présent, leurs résultats sont si discutés ! Pour nous, nous croyons que même du seul point de vue psychologique, elles sont toutes deux incomplètes. Il ne peut s'agir, en effet, uniquement, pour l'homme, ni d'être prêt à tout sacrifier pour l'honneur de sa patrie, ni de se prosterner en adorateur devant la science. Il faut vivre, et vivre, c'est gagner son pain en même temps que pouvoir se défendre. L'homme du peuple demande à l'école un métier pour se nourrir, des convictions solides pour défendre ses droits, la lumière surtout sur ses devoirs. Car l'homme ne doit pas penser qu'à lui, un jour il sera chef de famille ; il importe que, dès son jeune âge, il ait le respect de cette institution sacrée. Il devra à sa patrie d'être un citoyen loyal et juste ; et si l'on veut que, plus tard, l'homme fait sache respecter l'autorité légitime, n'est-il pas nécessaire de faire connaître à l'enfant ses devoirs envers Dieu, l'autorité suprême dont dérivent toutes les autres ?

Donner à l'enfant la notion de tous ces devoirs ! — Une telle science est-elle en France de la compétence de l'école d'Etat ?

Tous les peuples modernes, prétendent ceux qui veillent aux destinées de notre enseignement national, sous une forme ou sous une autre, vexatoire ou tolérante, tendent à la neutralité scolaire. Il s'agit, pour le maître, de faire abstraction de ses convictions personnelles philosophiques ou religieuses et de n'en rien laisser paraître dans son enseignement ; il est entendu qu'on ne parle pas de cela à l'école. L'enseignement public, dit-on, n'est pas possible autrement chez nous.

Les scandales auxquels nous assistons, ajoute-t-on encore, suffiraient à le prouver ; la bataille autour de l'école, n'est-ce pas la lutte pour la neutralité ? Les uns veulent en sortir pour attaquer les convictions religieuses des autres ; les autres qui, en principe, la rejettent énergiquement, sont obligés de la tolérer parce que, à l'heure actuelle, la neutralité leur apparaît comme un moindre mal.

Mais si l'impossibilité d'observer la neutralité présente un danger capable de susciter la guerre civile, d'engendrer dans la nation des divisions plus profondes peut-être que les divisions de race, ne vaut-il pas mieux supprimer l'institution qu'elle détourne ainsi de sa fonction normale, et que l'école publique cesse d'être l'école de l'Etat ?

Il y a plus : la neutralité est impossible à observer pour le maître ; elle est nuisible à l'éducation de l'enfant.

Il suffit de lire les déclarations enflammées des journaux de tous les partis sur la lutte scolaire et les plaintes amères des gens de métier ; ils craignent d'être obligés d'éteindre la lumière que, dans leur enthousiasme, ils voudraient apporter au monde. Car tout éducateur doit être un apôtre. Etouffer en lui cette flamme, c'est le réduire au rôle d'un manœuvre.

Etre maître, n'est-ce pas, même dans les classes inférieures, même à l'école primaire, être un « éveilleur d'âmes » ? Et que pourront éveiller ces pauvres gens dont l'unique préoccupation sera de fuir les sujets brûlants, les seuls qui captivent l'intérêt et qui, après tout, ont dans l'éducation l'influence principale ? Tous les maîtres ont une foi : foi en Dieu ou, hélas ! à son défaut, foi en la patrie, culte de l'humanité, superstition de la science. De quelque nom qu'on l'appelle, ce sentiment est ou doit être chez l'éducateur la raison fondamentale de son dévouement. Vouloir l'empêcher d'en parler, de faire partager à d'autres ces convictions qui sont sa vie, cela lui apparaît comme un crime.

N'est-ce pas ce que soulignait M. F. Buisson, dans le *Manuel général*, en janvier 1910 ? « Un pays qui rêverait d'avoir de pareils maîtres (des instituteurs neutres) mériterait, pour sa honte, de les trouver. Ne parlons donc pas d'un instituteur qui serait par état un cœur neutre et un esprit nul, un être effacé et fuyant, celui qui dirait : « Messieurs, ami de tout le monde... » Un instituteur a charge d'âmes ; on lui demande de contribuer à former l'homme et le citoyen dans l'enfant. »

Que si, par un effort héroïque, le maître arrive à ne rien dire de cette foi qui le dévore, l'éducation de l'enfant n'en sera pas meilleure. Sans vouloir établir ici une thèse générale, et discuter avec des statistiques les résultats de l'éducation laïque, il n'est pas sans intérêt de faire quelques remarques psychologiques sur cette éducation.

Tous ceux qui, de près ou de loin, ont étudié la question, ont encore à la mémoire le conseil du père de la neutralité, Jules Ferry (Lettre ministérielle du 17 novembre 1883) : « Les enfants... ont déjà reçu les notions fondamentales de la morale éternelle et universelle, mais ces notions sont encore, chez eux, à l'état de germe naissant et fragile, elles n'ont pas pénétré profondément en eux-mêmes ; elles sont fugitives et confuses, plutôt entrevues que possédées, confiées à la conscience à peine exercée encore. Elles attendent d'être mûries et développées par une culture convenable ; c'est cette culture que l'instituteur public va leur donner. »

Où donc est la neutralité dans un pareil enseignement ? Cette « culture » ne posera-t-elle pas, à tout propos, les questions les plus irritantes ? La bataille est sans cesse renaissante : à l'enfant qui demandera le pourquoi d'une obligation, la réponse sera souvent impossible, et l'éducation morale se réduira à l'hygiène sociale. L'idée d'obligation disparaîtra bien vite si l'on ne fait pas appel, pour la soutenir, à un idéal qui est déjà une religion.

L'idée d'obligation disparaissant de la conscience d'un enfant, on peut se demander avec angoisse ce qui y restera.

L'école, si elle veut rester neutre, doit renoncer à faire l'éducation morale de l'enfance ouvrière ; les forces de résistance qu'elle lui donnerait pour la lutte contre ses instincts mauvais ne peuvent pas même se concevoir.

L'école neutre doit se restreindre à donner à ses élèves le moyen de gagner leur vie. Y réussit-elle ?

Ce serait un paradoxe de nier les bienfaits de l'instruction. Il semble cependant que, du point de vue social, on peut les contester : c'est qu'il y a instruction et instruction. Il est plus facile de faire un déclassé que de donner à un jeune homme des connaissances qui, dans la vie, doubleront sa puissance et son influence.

L'école d'Etat ne fait rien, ou à peu près rien, pour donner aux enfants le goût du travail, pour la seule raison qu'elle ne peut rien faire.

Les conseils les plus autorisés ne lui ont cependant pas manqué. Jules Ferry voulait que la lime et le rabot tinssent à l'école la même place que le livre et le cahier. Je me souviens, d'autre part, d'avoir lu, en 1911, une déclaration ministérielle où le chef du gouvernement disait à la Chambre des députés (*Temps*, 11 mars 1911) : « La nation y parviendra (à assurer le recrutement de l'usine et de l'atelier) en s'efforçant, dès l'école et après l'école, de munir l'enfant et l'adolescent de connaissances pratiques... C'est ce que nous tenterons d'obtenir par une réforme de l'enseignement primaire : il doit devenir un enseignement technique et professionnel. »

Franchement, qu'en est-il sorti pour le recrutement des apprentis ? Les réponses de l'enquête du Conseil supérieur du travail sont là.

Toutes les professions manquent de sujets, ou n'ont que des sujets dont la capacité professionnelle est insuffisante. L'instruction générale professionnelle est en baisse dans l'industrie du bâtiment, les instruments de précision, la typographie, etc... (Enquête 1902 du Conseil supérieur du travail sur l'apprentissage.)

Et l'on voudrait que l'unique remède fût d'imposer plus rigoureusement et plus longtemps l'assiduité à cette école !

Le conseil, à notre sens, vient de trop loin ; les projets sont trop grandioses.

Le certificat d'études primaires, le brevet élémentaire sont, à l'heure actuelle, pour les écoles publiques, la meilleure réclame en même temps que leur seule raison d'être. Comment sanctionner autrement l'instruction reçue ? Et s'est alors organisée soigneusement la course aux diplômes. Au lauréat de l'école publique s'ouvrent grandes les portes du lycée, de la faculté ; et le fils de l'ouvrier qui, orienté vers une éducation professionnelle, aurait pu devenir un chef d'atelier, un patron indépendant, en est réduit à passer comme pion, victime des jeunes potaches qui le méprisent, les plus belles années de sa vie, celles où le travail aurait fait de lui un homme capable de maîtriser la vie.

Il est cependant des écoles publiques où l'éducation professionnelle a été organisée et cette organisation a donné les meilleurs résultats : je veux parler de l'enseignement manuel donné dans les écoles de la ville de Paris.

Mais ce qui a été réalisé à Paris et que nous exposerons plus loin est dû à des influences spéciales qui ne se rencontrent pas dans la situation générale de l'école.

Il est impossible à une administration aussi centralisée que l'instruction publique, de propager ces sortes d'institutions et de leur faire rendre ailleurs des résultats aussi excellents. Les écoles de Paris sont sous l'autorité immédiate de la municipalité et la direction de l'enseignement primaire. Mais les écoles de province sont bien loin, et les réformes ont le temps de se perdre en chemin !

L'école d'État n'est-elle pas sous la dépendance très immédiate des politiciens ? Elle a, de plus, à sa tête des fonctionnaires et des intellectuels : il y a de quoi tuer les plus robustes constitutions.

A lire les doléances du personnel de l'enseignement primaire, la réforme serait simple pour se soustraire à l'ingérence des politiciens : retirer la nomination des instituteurs aux préfets, et la rendre au département de l'instruction publique. Ce serait, il faut en convenir, un progrès : les tours de faveur et les passe-droits n'aboutissent jamais qu'à discréditer la valeur de l'institution réduite à ces moyens.

Il resterait des fonctionnaires, et le fonctionnaire, dans notre société française, du haut au bas de l'échelle, n'est-ce pas celui qui n'a d'yeux que pour l'administration ; l'administration d'en haut qui donne l'avancement et distribue la gratification ; l'administration d'en bas qui crée les histoires et les ennuis ? Et, précisément, un bon fonctionnaire ne veut pas d'histoires. Il faut supposer à un chef un désintéressement peu commun et une intelligence qui dépasse ordinairement sa fonction, pour supporter les initiatives de ses inférieurs. Celui qui les encourage et en prend la responsabilité est digne d'admiration : il risque souvent sa situation.

Et, si bien intentionné soit-il, à moins d'être doué d'un talent extraordinaire, il ne pourra pas grand'chose. Si le fonctionnaire de l'instruction publique n'est pas un rond de cuir, c'est un intellectuel. Il faut avoir le courage de le dire : le mal est peut-être pire !

Les jeunes professeurs de tout grade, de toutes classes, de tout enseignement, en savent quelque chose ; ils se demandent, au début de leur carrière, où ils trouveront du temps pour faire entrer dans les jeunes cervelles qui leur sont confiées les innombrables matières d'un programme dont la longueur s'accentue sans cesse, pour relever le niveau des études.

Relever le niveau des études primaires ! C'est la préoccupation constante des intellectuels qui en ont la direction avec le souci très louable d'assurer une fréquentation plus régulière de l'école.

Ce n'est, pensons-nous, ni par une loi ni par des décrets que se relèveraient le niveau des études primaires et la fréquentation des écoles.

La liberté absolue de l'enseignement nous semble le moyen suffisant et le plus économique d'augmenter l'instruction populaire pratique qui, des écoliers, doit faire de jeunes ouvriers aimant leur profession, capables de défendre leurs droits et de se faire une place honorable dans la vie.

CHAPITRE III

L'avenir de l'école libre.

Aux partisans convaincus de la liberté absolue de l'enseignement, et qui se livrent, dans le pays, à des campagnes de presse
ou de conférences, dépensant généreusement leur temps et leur
peine, nous donnerions volontiers, si nous en avions le droit,
le conseil suivant : Profitez donc de la liberté actuelle ! Fondez
des écoles, faites-leur rendre des services incomparables : le
peuple croit plus volontiers aux réalisations qu'aux belles paroles;
l'influence d'ailleurs se mesure aux services rendus. Si vous
voulez une liberté plus complète, soyez de dignes fils de la
liberté !

Et comment fonder de telles écoles ?

Il faut d'abord les fonder ; et, pour cela, trois choses sont
nécessaires : 1º des ressources; 2º un local; 3º un personnel
compétent.

Les ressources ne manquent pas en France; il faut les faire
surgir, et la cause des écoles est une de celles qui, à l'heure
actuelle, est capable de trouver le plus de subsides.

Le moyen mathématique de faire surgir des ressources, c'est
l'association. Or, la loi de 1901 nous offre, en France, des faci-
lités incomparables. Et nous avons en bien des domaines usé
largement de l'association avec membres fondateurs actifs ou
honoraires. N'est-ce pas d'ailleurs le régime de presque toutes
les écoles libres florissantes qui ont survécu à la persécution ?

Que des associations se fondent et prennent la responsabilité
des écoles libres devant l'opinion, les autorités sociales, les
pouvoirs publics; et, lorsqu'elles appelleront les unes et les
autres à contrôler les résultats réels obtenus, il faudra bien que
justice se fasse et que s'établisse une répartition proportionnelle
scolaire dont, nous devons le reconnaître, l'attribution de

secours aux élèves indigents, sans distinction d'école, ne nous paraît qu'une réalisation très incomplète.

Il faut un local. — A-t-on assez tonné contre les palais scolaires, dans la presse libérale et conservatrice ? — Ce n'est pas l'heure d'établir, à grands frais, des installations luxueuses que l'Etat s'empressera de nous arracher par une loi ou un simple décret. Aménageons ce qui peut être aménagé ; ayons des écoles simples, très éclairées et satisfaisant à toutes les exigences de l'hygiène. Le reste viendra plus tard.

Il faut un personnel compétent. — A l'heure actuelle, il n'y a aucune illusion à garder, c'est ce qui manque le plus, et, dans certaines régions du moins, il faut le créer de toutes pièces.

Il faut donc trouver des maîtres. Et ce n'est pas un vain souci, étant donné qu'on voit décroître progressivement le nombre des candidats aux écoles normales. Le 19 janvier 1912, le *Journal des Débats* signalait que, « par suite de la disparition des écoles libres les besoins de l'enseignement public n'ont cessé d'augmenter ; et néanmoins le nombre des candidats est tombé de 4.969, en 1906, à 3.849, en 1911. En 1910, dans le département d'Ille-et-Vilaine, 9 places restent vacantes faute de candidats. En Seine-et-Marne, pour 17 places, au dernier concours, 5 candidats seulement sont acceptables ; il faut, pour compléter le cadre, repêcher 12 refusés. Dans l'Orne, pour 20 places, il ne se serait présenté, paraît-il, que 9 candidats ».

Si nous signalons de telles pénuries, ce n'est pas que nous fondions sur l'école normale de l'heure actuelle de grandes espérances pour le recrutement du personnel enseignant ; ne sont-elles pas, ces écoles normales, devenues analogues aux boîtes à bachot, des institutions qui n'ont plus qu'un but : la préparation du brevet supérieur ?

Et ce n'est pas ce que nous voulons pour les maîtres de demain. Si le brevet élémentaire est souvent trop élémentaire, le brevet supérieur n'apparaît pas comme un moyen d'orienter les élèves vers la vie de travail qui leur est destinée.

Les écoles normales que nous voudrions pour former les maîtres de l'école populaire seraient comme celles-ci des écoles autonomes, fondées par des particuliers ou des associations ;

elles deviendraient des institutions régionales et relèveraient, non plus de la direction, mais au plus du simple contrôle de l'Etat.

C'est que les besoins varient suivant les régions, et les institutions, pour vivre, doivent s'adapter au milieu. Pour la formation des instituteurs, ce n'est pas seulement le recrutement régional qui s'impose, c'est l'organisation régionale, l'administration régionale, le programme régional. Il s'agit pour les écoles normales libres non pas d'une adaptation de l'école normale officielle, mais d'une refonte complète de l'institution. Qui ne sait d'ailleurs l'influence que la politique a eue sur leur organisation, celle que les politiciens conservent sur son fonctionnement ?

L'école normale, dont les élèves sont destinés à donner à l'ouvrier de demain les convictions et les connaissances qui l'armeront pour la lutte de la vie, doit être adaptée uniquement à ce but. Et ce sera le devoir comme l'intérêt de ceux qui fonderont et entretiendront des écoles, de s'unir en de nouvelles associations pour se procurer des maîtres capables. Il restera aux nouvelles institutions une grande part des programmes et des méthodes qui ont fait la valeur des anciennes. surtout le principe de la collaboration des élèves à l'enseignement dans une école élémentaire. Selon les provinces, s'ajouteront des enseignements appropriés aux industries de la région. Les timides essais de conférences horticoles ou agricoles deviendront, avec un enseignement industriel technique et pratique, la base de l'éducation professionnelle des maîtres.

Peut-être même faudra-t-il créer des divisions : il y aura des maîtres pour la campagne, des maîtres pour la ville, des maîtres pour les cités commerçantes, d'autres pour les centres industriels qui auront besoin d'une spécialisation. Il faut bien reconnaître que cette division sera tout autre que celle entre brevets supérieurs et brevets élémentaires, stagiaires ou titulaires.

Les instituteurs ne seront plus des fonctionnaires ; ils reprendront leur indépendance civique et morale.

Peut-être alors aussi prendront-ils conscience de leur véritable rôle, et comprendront-ils qu'ils doivent déjà donner à l'enfant,

avec la connaissance exacte de ses devoirs envers Dieu, le sentiment profond d'une double dette sociale : envers la société d'hier,
qui lui a tout donné, envers la société de demain, à l'améliora-
tion de laquelle il devra travailler. A tous les maîtres donc il
faudra donner une éducation sociale sérieuse. Et nous, catholiques, nous sommes fiers de penser que la vérité à laquelle nous
donnons notre foi suffira à alimenter leur âme, à devenir dans
leur vie le principe d'un dévoûment et d'un apostolat féconds.

CHAPITRE IV

Les écoles maternelles.

Il n'est pas exagéré de prétendre que la préoccupation d'assurer
à tous les enfants l'instruction la plus théorique possible, sous
couleur de capacité scientifique, a détourné les écoles maternelles
ou les classes enfantines françaises de leur but principal. Elles
sont, les unes et les autres, grâce à leur programme et à leurs
méthodes, le digne vestibule de l'école primaire.

Les enfants y sont admis de 3 à 6 ans. Le programme des
écoles maternelles comprend : 1º des jeux, des mouvements
gradués et accompagnés de chants; 2º des exercices manuels;
3º les premiers principes d'éducation morale; 4º les connaissances les plus usuelles; 5º des exercices de langage : des récits
ou des contes; 6º les premiers éléments de la lecture, de l'écriture et du calcul.

Ce programme peut donner des résultats, à condition que
l'instruction théorique n'empiète pas sur les autres parties. C'est
malheureusement ce qui arrive. Le rapport de 1900, présenté à
M. le Ministre de l'Instruction publique sur l'organisation et la
situation de l'enseignement primaire public en France, donne

les détails suivants sur la journée de l'institutrice d'une école maternelle (p. 228).

« D'après l'emploi du temps et en suivant l'ordre du programme, il est consacré 20 minutes à la lecture, 5 minutes au chant, 20 minutes à l'écriture et 10 minutes aux exercices de langage.

Une demi-heure de récréation à 10 h. ¼, puis la classe recommence : petites leçons sur l'histoire, la géographie, ou, selon que l'indique le programme, de petites leçons de choses. De 1 h. à 2 h. ½, lecture et calcul, coupés par la récitation et le chant; et, de 3 h. à 4 h. seulement, dessin ou travaux manuels. »

Le programme des classes enfantines qui s'adressent à la même clientèle, mais dans les campagnes, est beaucoup plus chargé. Il comprend déjà l'étude de la langue française : on corrige l'accent local, on fait de petites dictées. Histoire, géographie, calcul et éléments du système métrique, éléments usuels des sciences physiques et naturelles forment le petit bagage intellectuel de cet étudiant de 6 ans. Une petite place, il est vrai, y est faite à l'éducation physique. Elle se réduit à la surveillance des jeux au point de vue hygiénique : quelques exercices de jeux accompagnés de chant, et de tout petits et très courts exercices de travail manuel.

Les institutrices de ces écoles ne reçoivent aucune formation spéciale; elles sont placées dans les mêmes conditions que les maîtres de l'école élémentaire.

Il n'y aurait pas grand inconvénient à tout renverser, puisque tout est à refaire. Peut-être vaut-il mieux présenter d'autres modèles.

La Hongrie nous paraît singulièrement en avance sur nous; peut-être n'a-t-elle pas eu, comme en France, l'unique préoccupation de créer un enseignement de lutte contre les régimes scolaires précédents.

Tandis que les écoles maternelles françaises ne se sont fondées pratiquement que dans les centres urbains et industriels, les écoles hongroises ont débuté, dans les grandes communes agricoles, sous forme d' « Asiles d'été ». Ces établissements sont ou des écoles maternelles, des asiles permanents, ou des asiles temporaires pour la saison des récoltes. La fréquentation en est obligatoire pour tous les enfants qui ne sont pas, à la maison, l'objet d'une surveillance exercée par quelqu'un âgé de plus de 12 ans. La fondation de ces asiles est obligatoire pour toute commune dont le nombre des enfants soumis à la loi atteint le chiffre 15 et tout le monde peut en ouvrir.

Les programmes en sont très simples, établis qu'ils sont sur ce principe que la tâche des écoles maternelles doit être rigoureusement distincte de celle des écoles primaires.

La loi attache une grande importance à l'éducation morale et religieuse : tous les contes, fables et exercices de langage doivent développer le sentiment religieux. La prière, courte et simple, doit pouvoir être récitée par les enfants de tous les cultes, dans les écoles que fonde l'Etat. Ces fondations par l'Etat sont très rares, car celui-ci n'entend que suppléer les associations et les communes.

Une très large part est faite aux exercices physiques et aux jeux, qui sont de trois sortes :

1° Jeux donnant occasion aux mouvements lents, promenades et sauts ;

2° Jeux développant les organes des sens : cache-cache, colin-maillard, deviner par la parole.

3° Jeux imitant les travaux des industriels et des agriculteurs.

Les occupations sont toutes des travaux manuels, travaux de jardinage et autres, et n'ont qu'un but, développer l'initiative, donner l'instruction réelle et non l'instruction verbale. Le travail intellectuel est très restreint ; il ne consiste que dans des exercices de parole et de mémoire.

Le chant, dont les sujets sont pris dans les airs populaires nationaux, tient une grande place dans cette éducation ; le diapason prétentieux de nos écoles françaises est remplacé par le violon dont l'instituteur ou l'institutrice doit avoir une connaissance suffisante. Tous ces exercices n'ont lieu en classe que quand la saison ne permet pas de s'y livrer dans la cour.

Il faut dire aussi que ces maîtres et ces maîtresses ne sont pas des candidats malheureux refusés à des écoles plus élevées ; ils ont reçu, pour cette fonction, une éducation appropriée, dans une école normale spéciale.

C'est l'œuvre qu'ont déjà essayé de réaliser en France les créateurs de « Jardins d'enfants », à Thivet (Haute-Marne); à Paris, 34, rue Vanneau, 10, rue Condé, 185, rue de Charonne, etc. ; à ce dernier est même annexée, par les soins de l'Union familiale dont il fait partie, une école normale de Jardinières d'enfants. Il nous suffira, pour les faire connaître, de renvoyer le lecteur aux deux volumes si pleins d'intérêt de l'abbé Klein, intitulés : « Mon filleul au jardin d'enfants. » Cet ouvrage est fort suggestif pour ceux qui s'intéressent à l'éducation de l'enfance.

En sortant de ces jardins où, sans les fatiguer, sans leur farcir la tête de formules, on les aura instruits et élevés, les enfants seront tout prêts à faire de bons élèves de l'école élémentaire.

CHAPITRE V

L'école primaire élémentaire.

L'école élémentaire, en France, prépare au certificat d'études. Nous voudrions qu'elle préparât l'enfant à devenir un homme, en commençant par lui donner, en plus de la formation morale et sociale, le goût d'un métier.

Pour nous qui ne voulons dans nos écoles, à aucun prix, de la neutralité qui tue, la formation morale de l'enfant doit être un des objectifs premiers du dévouement des maîtres. Que l'on entende bien d'ailleurs qu'il ne s'agit pas ici d'un enseignement didactique de la morale. Nos écoles n'enseignent qu'une morale : la morale religieuse, théologique, la morale catholique en un mot, et malgré toute l'estime que nous avons pour le maître laïque et notre confiance en sa droiture, nous ne pouvons lui laisser la responsabilité de cet enseignement ; les cours de religion morale et dogme sont donnés par un prêtre commis à ce soin très spécial.

L'éducation morale, c'est la formation chez l'enfant d'habitudes de vie qui ne peuvent s'acquérir, comme toutes les habitudes, que par la répétition fréquente des mêmes attitudes. C'est à cela que doit veiller le maître ; non pas qu'il doive briser toutes les initiatives, supprimer tous les élans pour contenir ses élèves dans un même cadre rigide, pour obtenir une discipline purement extérieure, mais nous demandons que, mettant tout son zèle à reconnaître les défauts de l'enfant, il l'encourage à faire soigneusement son examen de conscience, à supprimer progressivement tous les obstacles extérieurs qui empêchent dans son âme l'épanouissement de la vie chrétienne.

Si la question sociale n'est qu'une question morale et au fond une question religieuse, l'éducation sociale doit avoir à l'école une place importante. Pas plus qu'en morale, il ne s'agit ici d'un enseignement didactique qui dépasserait singulièrement l'intelligence des enfants. L'éducation sociale peut se faire à l'école à propos de tout, si on entend par là l'éveil du sens social. « L'attention des enfants, dit le P. Rutten, dans son « Petit Manuel d'études sociales », peut être attirée par le calcul sur l'avantage des mutualités. L'histoire du moyen âge est l'occasion de montrer la grandeur du rôle des corporations et d'en rapprocher le mouvement syndical actuel. »

En présence des attaques de nos ennemis par les manuels, n'y aurait-il pas de notre côté une excellente réponse à faire ? Au lieu de se plier aux programmes officiels de l'histoire dont l'étude ne laisse guère d'ordinaire chez les enfants que le souvenir assommant des noms et dates d'événements dont ils ne connaissent plus ni les causes, ni les effets, ni la plupart du temps le sens, si nous entreprenions l'histoire sociale de notre pays ? Nous, catholiques, nous n'en serions pas humiliés, quoi qu'en pensent nos adversaires. Il est facile de démontrer (et l'on trouve la matière de ces démonstrations dans toutes les apologétiques) que l'Eglise a toujours été la protectrice des petits et que l'émancipation des travailleurs a été, à tous les âges, une des importantes préoccupations des Souverains Pontifes.

Et cet enseignement théorique, appuyé par l'histoire des saints, laisserait aux élèves cette mentalité : « Noblesse oblige. Nous devons, en dévouement, ne pas être en retard sur nos devanciers. »

Quant à la formation professionnelle, c'est d'une réalisation facile : il y a des modèles du genre. Comment ne pas mentionner ici le succès des écoles de la ville de Paris ? Les écoles de Hongrie et l'Ecole des Petits Métiers, à Tourcoing, peuvent encore nous offrir des exemples très instructifs.

A Paris, l'œuvre a été entreprise par la municipalité secondée par la direction de l'enseignement primaire. Les programmes sont appliqués, depuis 1892, dans toutes les classes des écoles de garçons. Ils comportent deux genres d'exercices : les travaux manuels sans atelier et les travaux à l'atelier, bois et fer.

Pour les enfants du cours élémentaire et du cours moyen, le travail manuel comprend le tissage, le pliage, le découpage et le cartonnage. C'est un enseignement qu'il est possible d'établir partout : il ne coûte que o fr. 3o par élève et par an, pour les fournitures nécessaires.

A partir du cours supérieur et, dans quelques écoles, à partir de la 3e année du cours moyen, 11 ans, les élèves sont admis aux ateliers. Les uns ne sont outillés que pour le travail du bois à l'établi, les autres ont, de plus, une installation pour le travail du fer. Les élèves y font connaissance avec les divers outils, et les travaux qui leur sont enseignés sont une application directe et sans danger de l'enseignement théorique qu'ils reçoivent en classe. Le temps consacré à ces travaux est de deux heures par semaine. Dans les classes n'allant pas aux ateliers, l'instituteur est seul chargé de cet enseignement. Pour les classes fréquentant les ateliers, il est secondé par un maître ouvrier.

Non moins remarquables sont les réalisations pratiques, dans le domaine de l'éducation professionnelle, obtenus par une association de catholiques pour le progrès de leurs écoles : l'Ecole des Petits Métiers de Tourcoing, 85, rue des Ursulines. L'œuvre est simple : passer deux heures par semaine à l'Ecole est d'obligation pour les élèves des écoles libres de garçons de la ville. L'instruction donnée comprend le programme suivant : charpente, menuiserie, serrurerie, forge, plomberie, zingage, ferblanterie, électricité, maçonnerie, badigeonnage, peinture, vitrerie, cordonnerie.

Il ne s'agit pas de suppléer l'apprentissage, voire même d'en tenter une organisation sommaire ; on se propose à l'Ecole des petits métiers de faire surgir, chez les enfants, les aptitudes pour un métier et le goût du travail.

Les cours auxquels chaque élève assiste, pendant deux heures par semaine, ont lieu l'après-midi. Dix minutes sont consacrées à l'interrogation sur la leçon précédente, 15 à 20 minutes pour fixer la leçon du jour prise dans le cours des travaux manuels de Degueselle (Duvivier, édit., Tourcoing). 1 heure 1/4 de travaux et 10 minutes pour l'explication du problème pratique qui se rapporte à chaque leçon et que les élèves sont tenus de faire comme devoir.

L'établissement n'est qu'une dépendance des écoles libres ; il est donc entretenu par des fonds particuliers. L'outillage complet de l'école, nécessitant un assez grand choix de pièces en plusieurs exemplaires, n'a coûté que 1.200 francs. Le personnel y est très peu nombreux : un directeur spécial et un ouvrier expérimenté, assistés, à la leçon de chaque jour, par le directeur de l'école à laquelle l'enseignement est donné.

Et le jour où l'enseignement libre deviendrait assez florissant pour être, à proprement parler, l'enseignement national, nous pourrions dépasser l'enseignement même de la Hongrie que je tiens à signaler ici comme susceptible de donner de fécondes idées aux amis de l'école libre.

La Hongrie a l'honneur d'avoir un enseignement entièrement libre et absolument obligatoire. Les communes ne sont tenues à fonder des écoles que lorsqu'il n'y en a pas ou que 30 enfants ne peuvent trouver place dans celles qui existent. Elles sont, en ce cas, tenues d'assurer le local, le traitement de l'instituteur et les frais de matériel qui se présentent dans le service. Si la commune préfère subventionner les écoles existantes, ce à quoi elle est autorisée depuis 1868, elle doit répartir ses subventions proportionnellement au nombre des élèves entre toutes les écoles privées de la localité.

Les conditions d'ouverture sont peu nombreuses : enseigner

tous les sujets fixés par la loi ; employer des instituteurs possédant les aptitudes requises ; ne pas avoir plus de 80 enfants par instituteur; 8 mois de scolarité dans les campagnes, 9 mois dans les villes ; l'école établie dans un local conforme au but et les plans fournis ou approuvés par l'Etat.

L'instruction n'est gratuite que pour les indigents. Et cette décision est raisonnable. A quel titre la société se chargerait-elle de donner gratuitement la nourriture intellectuelle à celui qui rougirait d'en recevoir gratuitement le pain matériel ? L'éducation des enfants est un devoir des parents au même titre que l'entretien de leur vie.

Le programme est sensiblement le même qu'en France. Il est essentiel de remarquer cependant que tout l'enseignement a un caractère pratique : l'étude de l'arithmétique, par exemple, ne dépasse pas le calcul mental et par écrit, avec la connaissance des poids et mesures et monnaies du pays. L'enseignement des règles de trois et d'intérêt est réservé à l'école complémentaire. Le dessin n'est pas obligatoire ; néanmoins, il est pratiqué partout comme introduction aux écoles d'apprentis, qui sont l'une des plus belles institutions de ce pays.

Dans les communes agricoles, la loi joint à l'école élémentaire l'obligation d'une école agricole avec ferme modèle qui en est le couronnement : l'année scolaire y commence le 1er novembre et se continue sans interruption jusqu'au 1er avril ; pour le reste de l'année, les exercices n'ont lieu que 24 heures par semaine. Les enfants ayant 12 ans révolus, et qui ne continuent pas leurs études dans une école supérieure ou une école d'apprentissage, d'industrie ou de commerce, sont tenus de fréquenter une école agricole pendant trois années.

L'enseignement, à proprement parler, intellectuel, n'est guère représenté dans ces écoles élémentaires que par l'histoire. Est-il besoin de remarquer que, bien qu'on n'emploie pas ici la méthode allemande de célébrer chaque anniversaire d'une date glorieuse pour le pays, le seul but de l'enseignement historique est d'exalter, chez les Hongrois, le culte de la patrie et de l'indépendance nationale.

C'est en sortant de cette école élémentaire, où l'élève aura peut-être un peu moins de théorie, mais, en revanche, où il aura pris le goût du travail dont il devra vivre plus tard, qu'il entrera à l'école complémentaire.

CHAPITRE VI

L'école complémentaire.

L'éducation complémentaire peut se donner à notre sens de deux manières : par les cours professionnels de jour, ou, lorsque l'installation d'une école n'est pas possible, par des cours du soir. Nous avons l'intention d'exposer ailleurs, à propos d'apprentissage, ce mode d'instruction élémentaire, le seul pratique dans les petites localités. L'école proprement dite nous paraît, là où elle est possible, c'est-à-dire dans les villes, les centres industriels et les bourgs d'une certaine importance, appelée à rendre des résultats plus considérables, à prendre une influence prépondérante dans la cité.

Nous ne prétendons pas en donner un modèle fixe, pas plus que nous ne regarderions l'Ecole de Tourcoing, dont nous parlions plus haut, comme réalisable partout. Fidèle à notre méthode, nous montrerons quel est notre idéal, dont les applications seront variables à l'infini.

Nous adopterions volontiers deux degrés pour l'éducation complémentaire : l'un pour le commun des élèves qui doivent faire de bons ouvriers, l'autre pour les ouvriers d'élite parmi lesquels se recrutent de préférence les chefs d'atelier. Nous proposerions une éducation complémentaire spéciale pour les localités agricoles.

L'école complémentaire du 1er degré.

A. — *L'école complémentaire industrielle du 1er degré.*

Elle nous paraît réalisée dans la perfection par l'Association professionnelle scolaire de St-Etienne [1].

L'école de Saint-Etienne a pour but de former, non pas des candidats à d'autres écoles plus élevées, ni de donner à ses élèves une instruction purement théorique ; elle veut faire des ouvriers bien armés pour la lutte de la vie ; c'est pourquoi son programme comprend un enseignement professionnel complet, une instruction primaire supérieure et une éducation morale très forte. Cette éducation morale n'est autre que la vie chrétienne dans ce qu'elle a de plus élevé et de plus intense.

L'école est sous la haute direction de l'association scolaire professionnelle, fondée en 1901, et le contrôle immédiat d'un conseil d'administration issu de cette association. Délégué par le conseil, un administrateur exerce une surveillance générale, maintient l'esprit et le but de l'institution, provoque les améliorations et les progrès, et solutionne les questions relatives à l'apprentissage. Le directeur, l'aumônier et les professeurs placés sous ses ordres, sont chargés de l'éducation et de l'enseignement. Administrateur, directeur et aumônier font partie du conseil.

Les conditions d'admission sont les suivantes :

1º Avoir 12 ans accomplis au 1er janvier de l'année d'admission ;

2º Présenter une attestation de bonne conduite ;

3º Etre pourvu d'un certificat d'études primaires ou faire preuve d'un savoir équivalent ;

4º Subir avec succès un examen d'entrée sur le programme du cours supérieur des écoles primaires élémentaires. Cet examen est obligatoire pour tous les élèves qui veulent entrer à l'école ;

5º Payer une rétribution mensuelle de quotité volontaire. Les fournitures scolaires sont à la charge des familles.

---

1. *Association professionnelle scolaire de St-Etienne*, rue Ste-Barbe, 70, par Pierre Bernard. Voir : *Revue de l'Action popul.*, 20 juillet 1911, p. 540.

Notes, carnets hebdomadaires, colles mensuelles, examens trimestriels, sont, avec un constant appel aux idées de devoir et de responsabilité morale, le système employé pour exciter l'émulation chez les élèves.

Le programme comprend 4 années de cours. On se contente, en 1re année, de développer les études primaires en les dirigeant du côté des sciences exactes.

En 2e année, on étend le programme des spécialités vues en première année, et on ajoute la physique, la chimie, le dessin croquis fait d'après nature. C'est en 2e année que commence à apparaître l'originalité de l'école.

Dès le 1er janvier, et chaque semaine, les élèves de ce cours visitent en détail les divers ateliers de la ville pour se rendre compte des exigences de chaque industrie et pour que chacun puisse choisir sagement celle qui lui convient.

Ils sont conduits dans les ateliers par escouades, de 15 à 20, sous la direction d'un professeur. Le patron ou le contremaître est à leur disposition pour fournir tous les détails qu'ils désirent. La visite a été préparée d'avance. La théorie et la pratique du genre d'industrie à étudier ont été expliquées ; sans peine, les questions jaillissent adéquates et circonstanciées.

Les réponses arrivent de même et les élèves prennent des notes. Les ouvriers se font un plaisir d'éclairer de leur mieux ces camarades de demain qui sont fils de leurs compagnons de travail. Les élèves doivent rédiger à l'école un rapport de la visite, décrire et apprécier ce qu'ils ont vu. On leur demande un compte rendu détaillé et précis, de la netteté, sans phrases.

A la fin de l'année scolaire, ils ont ainsi exploré les principales industries stéphanoises ; ils ont une notion claire et suffisamment complète des diverses professions entre lesquelles ils ont à opter. Leur choix se fait dans la première quinzaine des vacances.

Tout élève admis à suivre les cours de 3e année doit faire connaître *par écrit*, à M. le directeur, la profession qu'il veut embrasser. Sa lettre est contresignée par ses parents.

Les programmes de 3e et 4e année sont établis sur ce principe : apprentissage théorique et pratique à l'atelier, enseignement pédagogique à l'école.

Aux spécialités du programme de 2e année, le nouveau programme ajoute la mécanique, l'électricité, la trigonométrie descriptive, le dessin industriel, le dessin au lavis. De plus, les élèves groupés par profession reçoivent de professeurs spéciaux les notions artistiques ou scientifiques relatives à cette profession.

Après différents tâtonnements sur le partage du temps entre l'école et l'atelier, on est arrivé au système actuel.

Les élèves de 4e année vont au travail manuel tous les matins et se retrouvent l'après-midi sur les bancs de l'école. Ceux de 3e année sont, au contraire, à l'école le matin et l'après-midi à l'atelier.

Le contrôle du travail des jeunes gens apprentis, sérieusement établi par le carnet mensuel et l'appréciation des patrons, se complète par l'examen des rapports que les jeunes gens doivent faire, l'un à Pâques, l'autre en juillet, sur ce qui fait l'objet de leur apprentissage. Ces rapports sont appréciés par des spécialistes. La critique en est donnée publiquement aux nominations des examens trimestriels.

Une sanction suprême termine les études et les travaux manuels des élèves qui ont suivi les 4 années de l'école, c'est celle du diplôme d'enseignement professionnel.

B. — *L'école complémentaire agricole du 1er degré.*

L'école agricole complémentaire est d'une organisation difficile ; à preuve le peu de succès des fermes-écoles qui disparaissent une à une faute d'élèves. Pour beaucoup de localités le système hongrois dont nous avons parlé à propos de l'école élémentaire sera seul pratique, à savoir des cours de jour, l'hiver seulement, à raison d'un très petit nombre d'heures par semaine et sans travaux pratiques.

C'est que, pour reprendre la parole banale, l'agriculture manque de bras. Le paysan, obligé de prendre une main-d'œuvre étrangère, ne se soucie pas de se priver du secours de ses enfants. L'école ne peut donc fonctionner que lorsqu'on ne travaille pas aux champs. Mais aucune école ainsi spécialisée n'est possible. Elle doit être adjointe à un établissement permanent.

L'école de Malroy, par Dommartin-sur-Meuse (Haute-Marne), est précisément organisée dans ces conditions. Dans ce département où, d'après l'Inspecteur d'Académie lui-même, on ne trouve presque plus de candidats à l'Ecole normale, l'école de Malroy a fourni depuis sa fondation (1842) des générations d'instituteurs publics chrétiens qui donnaient aux petits paysans de la Haute-Marne, avec un bon bagage primaire, une solide culture morale, l'amour de leur pays et le goût de leur métier.

La préparation des instituteurs chrétiens est restée un des premiers buts de Malroy. Elle doit aboutir à de sérieux résultats, à voir la manière dont l'éducation est comprise. L'école isolée au milieu de la campagne, le régime simple et frugal des champs disposent l'élève au travail consciencieux plus que l'atmosphère enfiévrée des villes. La formation morale est assurée par une surveillance paternelle et douce, la vie intime avec les maîtres, les « entretiens » de chaque jour par le directeur sur les graves devoirs et les responsabilités de la vie. L'instruction générale qui y est donnée est tout orientée vers la pratique selon le programme suivant : Instruction religieuse, Langue française, Histoire, Géographie, Arithmétique, Géométrie, Levé de plans, Arpentage, Nivellement, Physique, Chimie, Zoologie, Botanique, Géologie, Dessin et Musique. Et à ces cours généraux, le futur instituteur ajoutera la formation agricole, ou la formation commerciale.

Mais nous avons à parler de l'école agricole. Le cours supérieur, pour ainsi dire, est suivi par des élèves qui restent à l'école toute l'année, ce sont les moins nombreux. L'originalité de l'enseignement vraiment complémentaire consiste dans un autre cours, qui s'ouvre du 15 octobre ou même du 4 novembre jusqu'au 22 mars. Le programme est vu en 3 hivers, il comprend les matières suivantes :

Etude du sol, sa mise en valeur, drainage, assolements, engrais. — Plantes agricoles, culture de chacune d'elles. — Animaux, multiplication, alimentation, étude de chaque espèce. — Notions de droit rural, Comptabilité agricole. Il n'y a pas de travaux pratiques ; à quoi bon ? les enfants sont tous des fils de cultivateurs, ils ont déjà travaillé à la maison, ils apprennent à perfectionner leur travail. Ceux d'entre eux cependant qui n'ont pas la pratique des champs sont autorisés à suivre les travaux agricoles de la Maison, mais dans le cas seulement où ils restent à l'école toute l'année.

Les élèves, du fait de la situation de l'école, sont pensionnaires. Ils ne manquent pas, car le cultivateur aisé qui veut voir ses fils s'établir dans sa profession n'hésitera pas à sacrifier 3 hivers et une modeste pension, plutôt que de le mettre en ville « pour le sortir un peu », car il peut très bien arriver que ce soit, malgré sa volonté, « pour le sortir tout à fait ».

L'école complémentaire du 2e degré.

A côté de l'école complémentaire destinée à parfaire l'instruction générale et professionnelle pour les ouvriers et employés de l'industrie, du commerce et de l'agriculture nous souhaiterions voir une école plus élevée où auraient accès au concours les élèves ayant achevé leur première année d'école complémentaire. Cette école aurait pour but l'éducation des ouvriers d'élite, futurs chefs d'ateliers, des employés supérieurs du commerce et de l'agriculture, d'exploitations agricoles, et des instituteurs pour le degré primaire et complémentaire.

Instruction professionnelle agricole.

Pour l'éducation agricole nous signalerons l'école de Paul-Michel Perret au château de Sandar, à Limonest (Rhône).

L'école complémentaire du 2e degré peut se suffire à elle seule, du fait qu'elle s'adresse à une clientèle toute différente de l'école du 1er degré. Elle se propose de préparer par une solide instruction technique et pratique les employés supérieurs de l'agriculture : régisseurs, chefs d'exploitations agricoles, que ceux-ci soient propriétaires ou simplement chefs de culture dans une maison importante.

C'est le but de l'école de Sandar ; fortement appuyée par la Société des agriculteurs de France et l'Union des syndicats agricoles du Sud-Est, dirigée dès son origine par des professeurs de l'école de Beauvais qui lui donnèrent une vigoureuse impulsion et créèrent des traditions que l'on tient à honneur de suivre dans l'enseignement, une telle école ne peut produire que d'heureux résultats. Les études y durent trois années. Elles ont le caractère général de cet enseignement des Frères qui fait des hommes, et que dans son ouvrage sur la psychologie de l'éducation le docteur Lebon a si heureusement opposé à l'enseignement universitaire. Elles comprennent l'instruction générale et l'éducation professionnelle.

L'instruction générale vise à former, par une instruction religieuse très développée au cours des trois années, le caractère et la conscience. L'étude grammaticale de la langue en 1re année, la pratique du style épistolaire, des narrations descriptives en 2e année, exercices de rapports et de conférences en 3e année, sont destinés à faire de l'élève un homme capable de communiquer quelque chose de sa valeur et de sa science, en un mot d'être une influence.

L'éducation professionnelle est des plus amples. En 1re année les élèves font une revision de toutes les règles pratiques de l'arithmétique, de la géométrie et de l'algèbre. Ils s'exercent au dessin : dessin géométrique et d'ornement. Les études agricoles comprennent déjà la géographie agricole, l'anatomie, et la physiologie comparée, des herborisations et des connaissances générales sur l'agriculture, la zoologie, l'apiculture et l'horticulture.

Les deuxième et troisième années ne feront que développer tous ces éléments. L'arithmétique sera poussée jusqu'à l'étude des mélanges, et par la racine carrée et cubique au cubage des bois. L'étude de la géométrie se continuera par l'arpentage, le nivellement, le levé des plans. Le dessin ira jusqu'à la perspective et aux croquis cotés. Les connaissances spécialisées d'agriculture, d'arboriculture, d'œnologie se développent par l'étude des sciences annexes, physique et chimie. Les élèves suivent en outre un cours de construction, de droit moral, d'économie rurale, et étudient le fonctionnement des associations agricoles.

Tout ce programme se donne en leçons théoriques dans la matinée et en cours pratiques pendant une partie de l'après-midi.

Ces cours pratiques sont de trois sortes. Ils ont pour objet en premier lieu toutes les applications que comportent les matières enseignées au cours, tous les genres de travaux qu'exige une exploitation agricole, tout ce qui se rapporte au pansement et à l'alimentation du bétail.

Les élèves ne sont admis à l'école qu'à la suite d'un examen d'entrée. Ils sont soumis chaque trimestre à d'autres examens, où le succès est exigé pour passer dans le cours supérieur.

Instruction professionnelle, industrielle et commerciale.

Nous ne connaissons rien de mieux en France pour la préparation aux carrières industrielles et commerciales, dont nous venons de parler, que l'Ecole de la Salle, 5, rue Masson, à Lyon. Une école ne saurait mieux atteindre son but si, trois mois avant la fin de l'année scolaire, tous ses élèves sortants sont placés dans les carrières auxquelles elle les a préparés. C'est le cas précisément de l'Ecole de la Salle.

C'est d'abord une école solidement établie. Sa prospérité est garantie par un comité protecteur d'hommes intelligents et généreux qui, ayant compris la valeur de l'institution, lui procurent les sommes d'argent nécessaires à son entretien. Une association brillante d'anciens élèves consacre une bonne partie de ses ressources à la maison et continue, auprès des élèves sortis, l'œuvre de l'institution. Un conseil d'administration gère les finances et s'occupe de l'organisation matérielle de l'école. Le conseil des Facultés catholiques lui témoigne une grande sympathie et la Faculté des sciences se mêle plus intimement à sa vie. Elle collabore à la rédaction des programmes, fournit des examinateurs et quelquefois des professeurs.

Son but est très net : préparer à l'industrie et au commerce, par trois ans d'études, des auxiliaires de valeur. Ceux qui entrent dans le commerce et l'industrie ne sont donc pas des candidats malheureux qui ont échoué à une carrière plus élevée ; ce sont des jeunes gens qui se sont spécialement entraînés à cette tâche et qui l'aiment. Aussi ne prépare-t-on pas d'autres diplômes que celui de l'école ; bien que n'ayant aucune valeur universitaire, il est pour l'élève une garantie de son avenir.

L'école place au premier rang de ses préoccupations la formation morale des élèves. Elle l'assure de mille manières : recrutement, discipline, travail, moyens d'émulation, enseignement religieux, tout est destiné à faire du jeune homme un homme de convictions solides et de volonté droite.

Le recrutement s'opère parmi les jeunes gens de treize ans au moins, munis d'un certificat d'études primaires du 2e degré ou d'un savoir équivalent, et pourvus d'un certificat de bonne conduite du directeur de l'établissement fréquenté auparavant. L'entrée a lieu au concours. Sur 250 élèves qui se présentent habituellement, l'école n'en reçoit que 100.

Des cent élèves du début, trente seulement se retrouvent en 3e année, non pas que, comme dans certaines écoles, les enfants aient supplié les parents de les retirer, mais parce qu'on n'entend garder que des valeurs.

Le travail est donc poussé avec intensité. Il comprend des devoirs et des leçons journaliers, et des examens toutes les six semaines ou tous les mois. A chacun de ces examens, tout élève qui n'a pas obtenu la note moyenne 4 sur 10 est éliminé. Il importe donc tout d'abord de rester. et si l'on reste, le travail sert à amasser, non pas un capital d'argent, mais un capital de notes diverses : de travail, de conduite, de discipline, d'assiduité. C'est la moyenne annuelle, le taux pour ainsi dire de ce capital qui détermine les admissions au cours supérieur, donne droit aux différentes médailles d'or, d'argent et de bronze, et fixe d'une manière absolue et non par classement la valeur de l'élève.

La discipline n'a rien de trop contraignant, mais elle est stricte tant au dehors qu'à l'intérieur de l'école. Les élèves doivent dans la rue respecter l'honneur de l'école. La moindre faute à cet égard est sévèrement punie. Il est inutile de dire qu'à l'école même on ignore ce que c'est qu'un « chahut », une dissipation générale. Le visiteur peut circuler dans les corridors vitrés sur lesquels donnent les classes, il sera d'abord émerveillé de la propreté et de l'ordre qui règnent dans les locaux. Il ne trouvera pas un nom sur les tables, pas une tache d'encre aux murs, il verra surtout que pas un jeune homme ne lève la tête à son passage. La discipline assure la protection du travail.

Mais ce qui permet à l'élève de fournir des efforts aussi constants et aussi énergiques, c'est sans nul doute l'enseignement religieux et la vie chrétienne soigneusement développée à l'institution. Tous ceux qui s'occupent d'œuvres, de cercles d'études surtout, connaissent le manuel de l'abbé Siflet. Le vénérable aumônier de l'Ecole de la Salle a laissé à son successeur des traditions qui font la vie de la maison. L'instruction religieuse est donnée dans toutes les classes ; elle comprend l'explication du catéchisme diocésain et des notions d'apologétique. La matinée du dimanche se passe à l'école régulièrement ; il suffit d'avoir assisté à la messe avec les élèves pour voir que leur piété n'est pas de commande.

L'éducation sociale n'est pas négligée non plus. Comme les élèves sont destinés à être plus tard des chefs de famille, il faut qu'ils s'habituent à cette vie. C'est pourquoi l'école n'est pas un internat. Les élèves dont la famille n'est pas lyonnaise sont placés en ville par les soins de l'école dans des familles de confiance. C'est là qu'ils doivent chaque soir faire leurs devoirs, apprendre leurs leçons. Ils reçoivent en même temps un enseignement social et civique dont nous tenons à donner ici le programme.

Enseignement civique. — Constitution française. — Pouvoir législatif. — Pouvoir administratif. — Pouvoir judiciaire. — Armée et police. — Le citoyen : état civil, égalité civile ; obligation de voter. — Budget, impôts. — Service militaire et patriotisme. — Devoirs envers Dieu de l'individu et de la société.

Economie politique et sociale. — La famille : devoirs réciproques. — La société : relations réciproques ; justice et charité ; politesse et convenances sociales. — La profession : le travail, la prévoyance et l'ordre ; les devoirs d'état. — Division du travail. — Agriculture, industrie et production ; matières premières ; outils. — Capital, salaire, bénéfice. — Commerce : importation, exportation. — Association, coopératives, syndicats, sociétés de prévoyance et assurances. — Œuvres sociales : patronages, cercles d'études, mutualités, etc.

Hygiène. — Hygiène physique : propreté et tempérance, bains et douches, eau potable, boissons fermentées, alcoolisme, tabac, vêtements, habitations.

Hygiène intellectuelle : facultés de l'âme, leur perfectionnement ; instruction, lectures et conférences.

Hygiène morale : caractère, sa formation ; habitudes, vices, passions bonnes et mauvaises, rôle de la raison.

Des conférences d'ailleurs sont faites sur ces sujets sociaux par des avocats de la ville, des professeurs de la Faculté de Droit, des membres de la chronique sociale de France et des médecins, pendant le 2ᵉ et le 3ᵉ trimestre ; les élèves doivent ensuite rédiger ce qu'ils ont entendu.

L'éducation professionnelle n'est évidemment pas spécialisée, l'école ne visant à donner qu'une formation générale pour l'industrie et le commerce; elle n'est pas négligée pour cela.

Cette éducation professionnelle générale comprend : la formation intellectuelle, la formation commerciale, la formation industrielle.

La formation intellectuelle et artistique se donne par des leçons de littérature française, de composition, de diction, d'histoire de France, la musique chorale et la gymnastique.

La formation commerciale comprend : des exercices pratiques d'écriture anglaise, ronde, chiffres, factures, etc.; — la correspondance commerciale : orthographe, lettres diverses, commandes, expéditions; — la géographie économique de la France surtout; — la comptabilité; l'arithmétique : calcul rapide, intérêt, escompte, rentes sur l'Etat, actions et obligations; — la langue anglaise au point de vue commercial surtout.

La formation industrielle comprend : l'étude des mathématiques théoriques, mathématiques appliquées, les sciences physiques et chimiques; le dessin : dessin géométrique, perspective et projections, croquis sur nature, dessin mécanique, lavis, coupé de pierres, tracé des escaliers, dessin d'imitation et d'ornement. Le programme comporte des visites d'ateliers à la suite desquelles un devoir est exigé, qui ne comprend souvent rien moins que la reconstitution d'une machine étudiée au cours de la visite.

Ce qui constitue l'originalité de cet enseignement, c'est qu'il est avant tout pratique, jamais purement théorique ou livresque. Pendant quatre heures chaque semaine les élèves font à l'atelier sur le fer ou sur le bois, au modelage, au moulage de la terre et du plâtre, l'application des leçons reçues en classe. Ils peuvent travailler une année le bois, une année le fer, ou rester les deux ans au même atelier. L'enseignement des sciences physiques et chimiques se donne pour sa plus grande partie au laboratoire. L'étude du tissage, dont on comprendra l'importance dans une ville comme Lyon, se fait également en atelier, autour de métiers à tisser, munis de tous les perfectionnements.

Pour nous résumer, voici comment nous imaginons les degrés successifs de l'école populaire qui doit préparer le jeune homme à une carrière indépendante, industrielle, commerciale ou agricole : l'école maternelle, asile temporaire ou permanent, où se contractent les bonnes habitudes de travail manuel et de bonne conduite, facile à organiser partout. Puis l'école élémentaire, d'installation modeste, si les ressources ne permettent pas mieux, mais où le travail doit être vigoureusement mené. Dans les localités plus importantes, chefs-lieux de canton ou centres industriels, l'école complémentaire du 1er degré, variable à l'infini selon les besoins de la région. Dans les villes et peut-être seulement une par département ou deux ou trois par province, l'école du 2e degré; mais ces écoles se proposant toutes de rattacher l'enfant à son pays, aux traditions nationales et à la foi de ses ancêtres.

CHAPITRE VII

Organisons-nous et travaillons !

———

Tous les efforts en faveur de la prospérité de l'école libre ne seront couronnés de succès que s'ils sont à la fois bien dirigés et bien coordonnés. Le désarroi qui a suivi l'exil des Congrégations de Frères enseignants en est la preuve convaincante. On a essayé d'y remédier ici et là, par des organisations diocésaines. En bien des cas, le résultat a été médiocre.

Généralement, toutes les écoles libres d'un diocèse sont groupées sous l'autorité d'un Directeur général de l'enseignement représentant l'autorité diocésaine. C'est sur lui que tombent tous les reproches et toutes les réclamations. Il est, pour beaucoup de personnes, la cause de tous les insuccès. On lui demande des maîtres, des élèves, de l'argent, des locaux, des livres, que sais-je encore ? Et s'il s'avise de donner un conseil, d'imposer une direction, de proposer une orientation des études, on a bien vite fait de ne point lui laisser oublier que ce n'est pas lui qui paie les frais immenses d'une école paroissiale.

Il peut se faire d'ailleurs que, nommé par l'administration diocésaine pour assurer l'orthodoxie catholique, le Directeur de l'enseignement soit surchargé par tout un travail de contrôle, par des besognes de toute nature et n'ait pas le temps matériel de s'inquiéter des méthodes et des programmes, encore moins le loisir de juger rapidement les situations et de prévoir les améliorations indispensables. Qui peut se flatter d'être universel ? Il ne sera guère alors que le protecteur officiel des écoles, le président du tribunal des conflits, l'avocat quêteur pour le budget des classes, et, à temps perdu, le Directeur du bureau de placement pour instituteurs et élèves diplômés.

Les efforts tentés en certaines régions, de même que les vœux des amicales laïques, montrent qu'il faut, pour affermir les progrès de notre enseignement, une tout autre organisation.

Dans la plupart des diocèses, le directeur de l'enseignement libre est assisté d'un conseil où les compétences financières et administratives se rencontrent avec les capacités pédagogiques et techniques. Les directeurs diocésains ont d'ailleurs une commission permanente et une assemblée générale dont les vœux sont soumis à la ratification de Nos Seigneurs les évêques.

Il s'est, de plus, constitué des groupements provinciaux pour la Lorraine, la Champagne, le Centre, la Bretagne. Une union de ce genre se fonde à Toulouse sous l'impulsion du distingué recteur de l'Institut catholique de cette ville, Mgr Breton.

Et c'est cette organisation qui fait peur à nos concurrents et à nos ennemis.

« Il apparaît à beaucoup d'Amicales, — écrit le rapporteur de l'enquête de la Fédération des Amicales d'instituteurs sur les revendications du personnel primaire, dans le *Radical* des 2, 3, 4 et 8 août — que la tutelle d'une université occulte, avec ses inspecteurs paroissiaux et diocésains, avec ses examens et ses diplômes, doit disparaître. »

Un tel vœu appelle, de notre part, une réponse : la création de cette « Université » si redoutée avec ses conseils, ses programmes, son agrégation même. Nous nous bornerons, ici, à en esquisser les grandes lignes.

Il faut, à la tête de l'administration des écoles, avec les représentants des autorités catholiques, des professionnels. Et nous ne saurions rien trouver de meilleur que l'organisation régionale.

Nous aimerions donc à voir rattacher tout l'enseignement d'une région à son Institut catholique. Il serait aisé de trouver dans le corps enseignant de cet Institut, recteur, professeurs, au besoin titulaires de chaires nouvelles créées selon les nécessités économiques et sociales de la région, des hommes, savants sans doute, mais en même temps de sens pratique, capables de donner et de maintenir à l'enseignement primaire libre cette orientation populaire, professionnelle, régionale dont nous rêvons.

Le conseil de l'Institut, présidé par le recteur, serait à la tête de l'enseignement de toute une région. Il comprendrait, outre les doyens des Facultés et les directeurs des maisons d'enseignement supérieur, des délégués de l'enseignement secondaire, et, par diocèse, un directeur diocésain de l'enseignement, nommé par l'évêque.

Le conseil aurait pour attributions de fixer le programme des études, de dresser la liste des livres classiques, il agrégerait les maîtres de l'enseignement libre de la région, et, parmi ces agrégés choisis non d'après un simple concours, mais d'après leurs notes générales, il nommerait les directeurs d'écoles, il fixerait le traitement personnel et constituerait l'autorité supérieure devant laquelle devraient être évoqués les conflits ; il se préoccuperait enfin de susciter des améliorations de tous ordres dans le fonctionnement de l'école. Peut-être aurait-il besoin d'un ou de plusieurs secrétaires permanents qui, à n'en pas douter, ne seraient point des rouages inutiles.

Les directeurs diocésains ne seraient pas, pour autant, déchus de leur souveraineté. Assistés d'un inspecteur, présenté par eux et nommé par le conseil, ils auraient la charge d'assurer, dans leur diocèse, le bon fonctionnement des écoles, de faire un rapport détaillé sur toutes les questions d'ordre général, de dresser les listes du mouvement du personnel. Peut-être, chaque évêque préférerait-il établir son propre budget de l'enseignement ; il semble alors que le directeur diocésain en serait le rapporteur attitré devant le conseil épiscopal, en même temps que l'apôtre des écoles libres devant le public catholique du diocèse.

Voilà, selon nous, comment pourrait s'organiser et se développer, dans toutes les régions de la France, l'enseignement primaire libre ; il ne dépend que de nous d'y travailler.

La statistique établie par le « *Radical* » et reproduite par « *Le Petit Démocrate* » est un encouragement. Nous n'avons voulu que le doubler en indiquant ici, bien modestement, ce qui pourrait être tenté un peu partout et nous faire obtenir des succès appréciables.

A la Semaine sociale de Versailles, en 1913, Mgr Gibier disait aux auditeurs : « Comment voulez-vous que le peuple croie que nous nous préoccupons de son sort éternel si nous nous désintéressons de sa vie matérielle ? » Il s'agit ici d'assurer l'un et l'autre.

Par l'école nous ferons des travailleurs dignes d'une situation meilleure, des chrétiens éclairés, sachant ce qu'ils doivent à l'Eglise, leur mère, et que leur reconnaissance doit se traduire par une vie plus conforme à l'Evangile, c'est-à-dire plus juste, plus pure et plus dévouée.

Que les chrétiens à qui le Seigneur a largement distribué les biens de la fortune, consacrent aux écoles de généreuses subventions. Que des écoles presbytérales, des collèges libres, des patronages et des cercles d'études sortent des instituteurs chrétiens ! Que tous n'aient qu'une préoccupation : faire de leurs élèves des patriotes avertis, des professionnels accomplis, des chrétiens dévoués au salut temporel et éternel de leurs frères ! nous n'aurons plus alors à réclamer la liberté de faire le bien.

Nos œuvres glorifieront notre Père et lé Christ sera devenu le maître de la Cité.

Abbé J. Pᴇᴛɪᴛᴊᴇᴀɴ.

TABLE DES MATIÈRES

Bar-le-Duc. — Impr. Brodard, Meuwly et Cⁱᵉ. — 6559, I.14.